Capitaine de BERC

NOTES

prises au début de la Campagne de 1870

ALGER
ANCIENNE MAISON BASTIDE-JOURDAN
Jules CARBONEL, Succr
IMPRIMEUR-LIBRAIRE-ÉDITEUR

1918

Capitaine de BERC

NOTES

prises au début de la

Campagne de 1870

ALGER
ANCIENNE MAISON BASTIDE-JOURDAN
Jules CARBONEL, Succr
IMPRIMEUR-LIBRAIRE-ÉDITEUR

1918

MEMENTO

La 9ᵉ batterie du 2ᵉ régiment d'artillerie est partie de Grenoble le 25 juillet, à 8 heures du matin, avec le matériel de canons à balles et son matériel de campement pour 149 hommes. Il y avait un lieutenant en 1ᵉʳ : M. Cohadon, et un lieutenant en 2ᵉ : M. Guillaume.

Arrêt à Lyon, vers 2 heures, pour faire prendre de la nourriture aux hommes et aux chevaux.

Arrivée à Strasbourg le lendemain, 26, vers 4 heures du soir. Après de nombreuses négociations tendant à empêcher le débarquement à Strasbourg, nous sommes partis à 2 heures du matin, le 27 juillet. Il y a eu une alerte pendant la route. On a mis un brigadier et des hommes armés dans le wagon en tête du train. En arrivant à Haguenau à 4 heures du matin, le général Ducrot, du 1ᵉʳ corps, a donné l'ordre de débarquer et de partir par la route de Niederbronn avec un détachement d'escorte. L'heure indiquée était 10 heures. N'ayant trouvé à la porte de Niederbronn aucun détachement à l'heure indiquée, nous nous sommes mis en route et nous sommes arrivés à Reischoffen sans avoir été inquiétés. Campement dans une prairie, près du village, eau peu abondante. J'ai vu des batteries du 9ᵉ, dont une commandée par Vernay, ayant Richard pour capitaine en 2ᵉ.

28 juillet. — Départ à 6 heures pour Niederbronn et Bitche. Nous avons trouvé à Niederbronn le général de Bernis avec le 12ᵉ régiment de chasseurs qui nous a escortés jusqu'à Bitche. Nous avons montré les mitrailleuses et le général nous a raconté la capture d'une reconnaissance prussienne par le capitaine Bessières, du 12ᵉ chasseurs. — Arrivée à Bitche vers 2 heures. Le soir, nous avons été invités à dîner par le lieutenant-colonel Montel.

Le commandant de Reffye est venu nous donner des indications sur les mitrailleuses et nous a apporté un télémètre instantané nouvellement construit par le capitaine Gautier. Il a été très aimable et a bien voulu accepter une frugale collation.

29 et 30 juillet. — Séjour : Rien à noter.

31 juillet. — Arrivée du capitaine Bayot, désigné comme capitaine en 2e pour la batterie.

1er août. — Arrivée de M. le sous-lieutenant Lhuillier, désigné pour commander la 3e section. Cet officier sort par anticipation de l'Ecole de Metz. Très zélé, multiplie les questions, d'autant plus qu'il est affligé d'une dureté d'oreille assez sensible.

Les journées des 2, 3 et 4 août n'ont rien offert de saillant, si ce n'est que nous avons été assaillis par un flot de visiteurs demandant à connaître les mitrailleuses.

A Bitche, nous avons employé notre temps à nous munir de tous les objets dont nous pouvions avoir besoin. Les canonniers ont eu une manœuvre par jour pour les habituer aux mitrailleuses et aux manœuvres nouvelles exigées par ces pièces. Le capitaine-commandant avait beaucoup de peine à retenir ses troupes au camp, quoiqu'il prêchât d'exemple et qu'il prit des mesures sévères qui n'étaient pas appuyées par les chefs.

Le 4 au soir, nous avons reçu l'ordre de nous tenir prêts à partir au premier signal. Les tentes ont été pliées, les chevaux sellés ; une section de la 11e batterie est partie pour occuper des positions sur la route de deux-ponts. Nous avons bivouaqué par une nuit très humide pendant laquelle tous nos vêtements et couvertures ont été imbibés de rosée.

La journée du 5 s'est passée sans aucun incident notable, la batterie étant toujours prête à partir.

Enfin, le 6 au matin, après une deuxième nuit de bivouac aussi désagréable que la première, on nous a mis en route à 6 heures du matin. Un temps précieux a été perdu pour mettre la colonne en marche, quand il était si simple d'indiquer à chacun sa place pendant la journée du 5. On a mis dix heures pour franchir la distance de 23 kilomètres qui sépare Bitche de Niederbronn. En arrivant à 4 heures à Niederbronn, nous avons trouvé l'armée du maréchal Mac-Mahon en pleine déroute ; une partie s'écoulait par la route de Bitche et l'autre par celle de Saverne. Une troisième partie, assez nombreuse, s'écoulait par la route de Hagueneau pour prendre le chemin de fer de Strasbourg où un grand nombre sont arrivés le même soir.

Le maréchal Mac-Mahon n'avait à Wœrthe que le 1er corps et la division Conseil-Dumesnil du 7e corps.

Le 5e corps, commandé par le général de Failly, était composé des trois divisions d'infanterie : Goze, Labadie d'Aydren, Guyot de Lespars et de la division de cavalerie du général Brahault : 12e chasseurs, 8e hussards.

La batterie a reçu l'ordre de défendre la sortie de Niederbronn vers Bitche ; elle a traversé le chemin de fer et s'est mise en position à 600 mètres environ de la sortie de Niederbronn d'où l'on voyait déboucher les troupes françaises. Après une demi-heure d'attente, un aide de camp nous a donné l'ordre d'aller couronner les hauteurs au sud de Niederbronn. Nous y sommes parvenus à grand'peine à cause de la confusion et du grand nombre de voitures qui se dirigeaient sur Saverne. A peine arrivés, nous cherchions un emplacement favorable pour nous mettre en batterie et attendre les têtes de colonnes ennemies, lorsque M. de Maizières, officier d'état-major de notre division, est venu nous donner l'ordre de nous retirer et de suivre la retraite avec l'arrière-garde formée par la brigade de Fontanges (18e, 68e). Nous avons dû nous soumettre, cet ordre nous étant réitéré cinq minutes après par le général commandant notre division. Un quart d'heure après, l'ennemi, maître de la position que nous voulions occuper, tirait (assez mal du reste) à loisir sur nos troupes des obus de petit calibre, qui arrivaient presque au village de Oberburn. Il nous a été impossible de prendre position en ce moment, ayant été rejetés sur la droite de notre colonne par force majeure et le rideau des arbres bordant la route paralysant notre action. Le jour s'éteignait du reste dans les dernières lueurs du crépuscule et le pointage n'était plus possible.

Nous avons alors rallié toutes les voitures de la batterie de combat et nous avons suivi la retraite en passant par Ingweiller et Bouchviller ; notre marche n'a cessé qu'à Saverne, où nous sommes parvenus à 11 heures du matin.

Nos chevaux avaient parcouru depuis le départ de Bitche une distance de 68 kilomètres et étaient restés 30 heures sans boire ni manger.

Le général de division Guyot de Lespars m'a reçu comme quelqu'un qu'il n'espérait plus revoir.

7 août. — Nous avons passé le reste de la journée à Saverne. Les habitants étaient dans la plus vive anxiété et déménageaient à qui mieux-mieux. On nous a fait donner une partie des vivres auxquelles nous avions droit et, à 7 heures, nous nous mettions en route pour Phalsbourg avec les restes du corps du maréchal Mac-Mahon. Nous sommes arrivés à Phalsbourg le 8, au lever du soleil. On nous a fait camper sur une belle place carrée plantée d'arbres (pluie torrentielle pendant une heure). Nous avons reçu du biscuit et du fourrage. J'ai appris, vers 8 heures, que l'artillerie de notre division et la réserve de batterie étaient campées sur les glacis, près de la porte de France. J'y suis allé et j'ai appris du colonel Montel que notre division était à Phalsbourg, où elle était venue en suivant la route de Lichtemberg et de la Petite-Pierre. Le fourrier Grobel et 10 hommes de la réserve s'étaient égarés en route. Grobel était allé en mission. La batterie se trouvait ainsi reconstituée et n'avait perdu ni voitures, ni chevaux.

A 8 heures, averse épouvantable.

A 10 heures, nous nous sommes mis en route pour Sarrebourg, en prenant notre place habituelle au centre de la division : tout le monde dormait à cheval ; on avait passé quatre nuits sans dormir. On a atteint Sarrebourg vers 3 heures. En arrivant, on a pris des positions défensives et nous avons mesuré les distances de la batterie à tous les points par lesquels pouvait déboucher l'ennemi. Nous avons dressé une tente pour la nuit et tous les officiers de la batterie y ont couché.

Le jour venu, au lieu de faire de nouveaux préparatifs pour attendre l'armée P..., on a levé le bivouac pour se diriger sur Cirey.

9 août. — De Sarrebourg à Cirey (26 kilomètres), nous avons suivi la route, passant par Lorquin et près de Saint-Quirin. La pluie nous a accompagné jusqu'à Cirey, où nous avons campé près du château de M. Chevandier de Valdrôme. Cirey est une succursale de la manufacture de glaces de Saint-Gobain. On est en plein dans les Vosges, pays accidenté légèrement et boisé, très favorable pour arrêter l'ennemi et on ne fait aucune tentative.

10 août. — De Cirey à Baccarat, pluie intermittente. Campement affreux à Baccarat, dans des labours détrempés.

11 août. — De Baccarat à Moyemant : pluie constante et très forte jusqu'à Rambervillers et pendant le séjour de deux heures que nous y avons fait. Les hommes ont été hébergés par les habitants. Les officiers ont reçu l'hospitalité dans une maison à gauche en entrant, chez un parent du capitaine André Jules, du 9ᵉ régiment d'artillerie.

Passage de la Meurthe entre Baccarat et Rambervillers. Campement très mauvais dans des labours détrempés.

12 août. — De Moyemont à Charmes. Au départ, j'ai été cruellement mordu au doigt du milieu de la main droite par mon cheval. En route, j'ai fait connaissance avec le docteur Cahours, qui m'a déclaré que son ambulance était dépourvue de tout, qu'il avait été obligé de laisser à Bitche tous ses bagages. Il m'a pansé ma blessure.

A Charmes, sur la Moselle, nous avons eu un délicieux campement ; on nous annonce que nous nous dirigeons sur Toul pour nous reposer de nos fatigues. Vain espoir ; nous devions encore marcher vers le Sud. Beau temps.

13 août. — De Charmes à Remoncourt.

On a envoyé la cavalerie et la section de Noos pour brûler le pont de Boyon. Le génie a miné le pont de Charmes et a fait sauter le pont du chemin de fer.

Nous avons fait une halte à Mirecourt, jolie petite sous-préfecture des Vosges, à 16 kilomètres de Charmes, et nous sommes allés camper à Remoncourt, à 10 kilomètres plus loin. Beau temps. Beau campement à proximité de l'eau.

14 août. — De Remoncourt à La Marche, 30 kilomètres. Beau temps. Bon campement. Bon accueil de la population.

15 août. — De La Marche à Montigny-le-Roi, 25 kilomètres. Beau temps, campement passable, pas assez d'eau. Le docteurs Cahours m'a soigné.

16 août. — De Montigny à Chaumont, on passe près de Nogent-le-Roi. Etape longue et accidentée. Nous retrouvons, à la grand'halte, les 1re et 2e divisions du corps Arnould, Noucholte, Lancelot.

Déjeuné chez un médecin, à Biesles, avec tous les officiers d'artillerie de la 3e division.

Arrivée à Chaumont vers 4 heures du soir. Campement passable hors de la ville, près des promenades.

17 août. — Bivouaqué à Chaumont pendant toute la journée. On ne peut savoir si la 9e batterie partira par la voie de terre ou par le chemin de fer. Le colonel Montel et les 11e et 12e batteries se dirigent vers la gare, à 4 heures du soir.

18 août. — Nous restons à Chaumont seuls au camp à partir de midi. Après huit ordres ou contre-ordres, nous recevons l'ordre définitif de nous rendre à la gare, vers 7 heures, pour nous embarquer après l'artillerie de la 2ᵉ division. Coudren, aide de camp du général Liédat, vient savoir pourquoi nous n'étions pas allés nous embarquer à la gare. Est prié de lire un ordre écrit par lui-même d'après lequel, par suite de sa rédaction, nous devions rester sur place. Je déchire cet ordre devant lui, en bon camarade.

Notre embarquement a été terminé vers 11 heures du soir et nous sommes partis vers 2 heures du matin. Nous avions pris avec nous le convoyeur Kreimer qui nous suivait depuis Bitche avec sa voiture et ses chevaux.

19 août. — De Chaumont au camp de Châlons. A Joinville, j'ai rencontré de Prudhomme, chargé de garder la gare avec un bataillon du 46ᵉ. A Blesmes, on ne peut me dire si nous devons débarquer là où aller plus loin. On nous fait partir pour Châlons, où le train s'arrête longtemps, et, enfin, on nous débarque au Petit-Mourmelon, à 3 heures. Il y avait une cohue impossible à décrire. Nous n'avons pu occuper notre camp, près de la Manutention, qu'à l'entrée de la nuit. Des tentes étaient dressées ; nous n'avons eu qu'à nous y installer.

20 août. — Nous avons passé la journée du 20 à nettoyer le matériel et aux soins de propreté pour les armes et les effets des hommes. Le commandant Dumazel, du 79ᵉ, venu par hasard dans notre camp, a été reconnu par moi qui ne l'avais pas vu depuis 1846. Rencontré Pellissier et les batteries du 10ᵉ avec Grené, Legout, etc.

21 août. — Du camp de Châlons à Reims. Au départ, nous trouvons l'empereur qui n'a pas été acclamé par les troupes. Son convoi nous a retardés sans utilité. Il aurait pu partir avant nous pour dégager la route souvent fort encombrée. M. Rouher était dans le cortège qui avait, dans son ensemble, un air fort triste. Nous sommes arrivés à Reims à 8 heures du soir.

22 août. — Séjour à Reims. Vu le colonel Gobert à l'entrée de la ville. Visite à la Cathédrale, avec Bassot. Achats divers. Rencontré le commandant d'Haranquier-Riondel, qui était à l'état-major du général Dejean.

23 août. — De Reims à Pont-Faverges, sur la rive gauche de la Suippe. Dépassé le village pour camper. Les gens du pays prétendent que les Prussiens sont à 15 kilomètres. Rencontré le maréchal Mac-Mahon après la pluie ; il m'a dit très gracieusement que nous allions arriver, qu'il n'y avait plus que 4 kilomètres à faire. Mme Lhuillier a accompagné son fils de Reims à Pont-Faverges. Nous avons dîné avec le Colonel et le commandant Normand.

24 août. — De Pont-Faverges à Réthel, 32 kilomètres. Campé en avant de Réthel, à 2 kilomètres environ. Beau temps. Pluie aussitôt après avoir campé, vers 5 heures du soir. On reçoit quelques vivres.

25 août. — De Réthel à Amagne, 12 kilomètres. On lève le camp à 1 heure pour se mettre en route vers 5 heures du soir. Pendant que nous attendions le moment de nous mettre en route, le capitaine Dufour est venu dans notre camp où nous avons renouvelé connaissance. On a marché très lentement ; nous sommes arrivés à Amagne vers 8 heures. Beau temps. Demande de propositions pour sous-lieutenant. Refus du Colonel de proposer Robert.

26 août. — D'Amagne au Chêne-Populeux, 25 kilomètres. Pluie pendant toute la route, orage très violent une demi-heure avant l'arrivée au camp. Petite altercation avec le capitaine N... relative à l'emplacement de ses chevaux qui étaient à l'endroit où nous devions placer nos tentes. Depuis, il n'a pas paru en garder rancune ; il était, du reste, tout à fait dans son tort et je pense qu'il l'a reconnu dans son for intérieur.

27 août. — Du Chêne à Châtillon. Départ à 3 heures du

matin. On se remet en route au jour ; on traverse successivement les villages de Châtillon, Belleville, Boult-aux-Bois et Briqueney. Longue halte dans ce dernier village. On se porte à 1.500 mètres en avant et on revient sur ses pas pour prendre des positions en arrière du village que l'on traverse une deuxième fois. Cette alerte était due au bruit du canon entendu par la tête de colonne dans la direction de Busancy. Là, le 12ᵉ Chasseurs avait rencontré la cavalerie prussienne et l'avait chargée. L'avantage aurait été de notre côté jusqu'au moment où le canon prussien était venu rendre la portée inégale pour les nôtres qui n'étaient pas appuyés par des bouches à feu. Ils avaient alors battu en retraite en bon ordre. Nous avons repris la route du matin jusqu'à Châtillon où nous avons campé tous sous ma tente, car on nous avait fait prendre seulement la batterie de combat et, ne comptant que sur une sortie d'un jour, on avait laissé même les vivres avec la réserve. Beau temps. Arrivée au camp à la nuit.

28 août. — De Châtillon à Bois-des-Dames, distance 30 kilomètres, départ à 4 heures du matin. On traverse encore Belleville et Boult-aux-Bois. En sortant de ce dernier village, on prend à gauche la route de Germont ; 2 kilomètres après, toujours par une pluie battante, on entre dans des champs placés vers notre gauche pour faire la grande halte. Les troupes prennent une position défensive, les places sont désignées en cas d'attaque, la batterie près d'Antrache. Après deux heures de repos, on prend à travers champs, en massant les troupes derrière les crêtes. On ne rencontre rien devant soi. On prend alors une route, sur les crêtes, allant de Harricourt à Somme-Haute et on arrive dans ce dernier endroit d'où l'on redescend en tournant à droite dans une vallée profonde où se trouve le village de Vaux-en-Dieulet, où la route tourne brusquement à gauche, pour suivre le fond de la vallée. On quitte, après 2 kilomètres, cette route pour prendre une ancienne route très mauvaise où il y a à gravir une pente très abrupte pendant au moins 600 mètres et on est peu après à Bois-les-Dames, où l'on arrive une heure avant la nuit. La pluie nous a inondés pendant toute la journée. Le colonel et les officiers de la batterie ont encore couché sous ma tente.

29 août. — De Bois-des-Dames à Beaumont, 20 kilomètres. M. Guillaume est parti vers 9 heures du matin pour aller vers le Chêne-Populeux chercher notre réserve. Il la rencontra vers Tonnay et Stonne et l'amena au camp le 30 au matin devant Beaumont. En route, il avait rencontré le général Douai, commandant le 7e Corps, qui était dans la plus grande ignorance sur les événements et sur les emplacements occupés par ses divisions. « Vous me demandez des renseignements, lui dit-il, mais c'est moi qui vous en demanderai. »

Beau temps. On est parti de Bois-des-Dames, c'est-à-dire de la ferme près de laquelle nous étions campés, à 10 heures du matin. On a pris à droite, en faisant le tour de la ferme, et on est descendu en traversant les villages du Grand et du Petit-Champy. Près de ce dernier, on a reçu l'ordre de prendre des positions pour combattre les Prussiens qui étaient signalés en avant de nous. J'ai conduit la batterie en prenant un chemin à droite qui nous a fait traverser une petite rivière coulant vers notre gauche. Après la rivière, le chemin avait une pente très raide. Nous l'avons quitté, après l'avoir suivi pendant 500 mètres, pour prendre position à gauche, derrière une crête, et contrebattre deux batteries établies à environ 1.900 mètres de nous, sur une position qui nous dominait de beaucoup. La 12e batterie était à notre gauche. Notre droite était appuyée à un mamelon boisé occupé par nos troupes.

Nous avons tiré pendant une heure contre ces batteries qui ne nous ont fait aucun mal. Leurs projectiles ont toujours frappé en avant ou en arrière de nous. En avant, ils s'enterraient et leurs éclats étaient rejetés en avant. En arrière, ils tombaient dans un bas-fond à au moins 100 mètres de la batterie.

Elles ont fait de l'effet sur l'infanterie, à notre droite et à notre gauche. Nous avons reçu l'ordre de nous porter ensuite sur un mamelon, à environ 1 kilomètre en arrière de notre première position et à une altitude beaucoup plus grande. De là, nous avons tiré quelques coups sur une colonne d'infanterie qui débouchait d'un bois, à notre gauche, avec la hausse de 2.400. Le désordre s'est manifesté immédiatement dans cette troupe qui a regagné le bois en laissant des hommes sur le terrain.

Enfin, nous nous sommes encore repliés jusqu'au haut de la crête, sur la route qui conduit de Bois-des-Dames à Nouart. Nous sommes restés en batterie jusqu'à la nuit sans avoir un but sur lequel tirer. A la nuit, nous avons repris le chemin de la ferme et nous avons suivi le même mauvais chemin que la veille pour revenir à moitié route de Bois-des-Dames et de Vaux-en-Dieulet. Là, nous avons pris la route de Beaumont, qui passe entre des étangs, après avoir traversé le bois de Béval. Fatigue extrême ; on dormait en marchant à pied. Nous sommes arrivés au camp, devant Beaumont, le 30, vers 4 heures du matin.

30 août. — De Beaumont à Mouzon. Vers 8 heures du matin, le colonel Montel, ne trouvant pas notre situation agréable dans le fouillis où l'Etat-Major nous avait jetés, nous a fait traverser la ville de Beaumont pour aller camper à la droite de la route de Beaumont à Mouzon. On a fait les distributions avec l'ordre habituel, c'est-à-dire que les premiers venus ont tout pris et que les derniers n'ont rien eu.

Le camp paraissait être d'une sécurité complète, aucun ordre du Général ne faisait supposer une attaque prochaine. Nous nous sommes mis à table pour déjeuner, près de Motent, vers 10 h. 1/2. A 11 heures, j'ai vu des tirailleurs se replier à 3 kilomètres à peu près de nous. J'ai exprimé à mon capitaine en 2e et à mes lieutenants l'opinion que nous étions surpris dans notre camp. Ils ont repoussé cette idée en disant qu'il n'était pas possible qu'après nous être battus pendant toute la soirée de la veille, le Général ne se tint pas sur ses gardes, que c'était une reconnaissance de quelques uhlans

qui avaient maille à partir avec nos grand'gardes, etc...
Nous continuons notre repas, lorsque dix minutes ou un quart d'heure après, nous entendons un coup de canon ; un projectile tombe immédiatement au milieu de notre camp et tue le nommé Brun Joseph. Alors, mais un peu tard, on sonne « A cheval » et, au milieu d'un indescriptible désordre, chacun rallie les siens pour battre en retraite en défendant le terrain pied à pied. Après avoir mis la réserve en route sur Mouzon, je me suis porté à la batterie de combat que j'ai dirigée à gauche de la route de Mouzon, pour nous établir en batterie et permettre aux troupes en avant de se porter en arrière de nous. Nous avons d'abord tiré sur de l'artillerie et de l'infanterie. Sur l'infanterie, le tir a été décisif et l'a forcée à reculer pour se placer derrière un pli de terrain. Sur l'artillerie, nous n'avons observé aucune diminution dans la vitesse de son tir et nous avons changé de position quand son tir a été réglé.

Nous nous sommes mis en batterie une deuxième fois au-dessous du col qui est le point culminant de la route de Beaumont à Mouzon. Là, nous avons tiré contre une troupe de cavalerie qui s'avançait entre deux bois. Une première décharge l'a atteinte au moment où elle allait atteindre le bois le plus rapproché de nous. Nous tirions avec la hausse de 1.700. Nous avons tiré sur cette troupe trois ou quatre salves en donnant à chacune un quart de tour vers la droite. Nous avons cessé de tirer quand cette troupe a disparu derrière le deuxième bois. N'ayant plus d'objet à battre et étant nous-mêmes fort inquiétés par une batterie ennemie, nous avons fait remettre les pièces sur avant-train pour chercher une position plus sûre et de laquelle nous pourrions produire plus d'effet, lorsque le colonel Montel, dont nous avions été séparés depuis le commencement du combat, nous a rejoint en nous prescrivant de prendre la route de Mouzon pour continuer notre retraite.

Nous descendions vers Mouzon quand on est venu me dire que le 7e Corps arrivait, que nous reprenions l'offensive, qu'il fallait faire demi-tour. Nous avons exécuté ce mouvement très vivement, eu égard au peu de largeur de la route. Mais il a fallu, peu de temps après, reprendre la direction primitive.

Avant d'arriver dans la vallée de la Meuse, nous avons reçu l'ordre de nous porter entre deux bois placés vers notre droite, sur une position très élevée par rapport à la route ; nous y étions arrivés avec beaucoup de peine, car nos chevaux étaient harassés de fatigue, quand nos tirailleurs, qui se repliaient en bon ordre dans le bois, nous ont prévenus que les Prussiens entraient en forces par la lisière opposée ; en même temps, le Colonel, prévenu d'un autre côté, nous appelait vers lui, en nous donnant l'ordre de descendre immédiatement. Nous avons pu descendre, en traversant le bois, par un chemin de service qui, heureusement, était assez bon ; nous avons traversé la plaine et la route de Mouzon pour nous établir, avec la 11e batterie, sur un plateau en avant et dans la direction de la rue du Faubourg de Mouzon. A peine étions-nous établis là que nous avons vu déboucher l'infanterie ennemie des bois que nous venions de quitter. Le général Besson, chef d'état-major du 5e Corps, les prenant pour nos chasseurs à pied, a empêché de tirer sur eux. On nous a enfin laissé faire quand on a entendu siffler leurs balles. Après deux ou trois décharges, ils ont été complètement dispersés et sont rentrés dans les bois où nous avons continué à tirer sur eux. Tout à coup, nous avons entendu le général Besson dire à l'infanterie qui était à notre droite : « Mettez la baïonnette au canon », pensant que le danger était pressant. Nous avons fait le même commandement aux servants. Nous pensions que les Prussiens avaient pu arriver très près de nous, couverts par le pli de terrain qui était à notre droite. Je ne sais pas et je n'ai pas appris ce qui en était. Je cherchais à voir de ce côté, quand le colonel Montel m'a donné l'ordre de remettre les avant-trains et de me porter de l'autre côté de la Meuse, sur les hauteurs qui dominent Mouzon. J'ai obéi et, en arrivant dans le faubourg, nous avons trouvé une cohue indescriptible de voitures d'ambulance, du train des équipages et d'artillerie, sur laquelle les projectiles pleuvaient dru comme grêle. Nous avons pris la droite et, après une heure environ, nous avons pu passer la rive droite de la Meuse en passant sur le pont. J'ai vu, peu après le passage du pont, le nommé Pauvert, servant, qui a été blessé et qui est tombé dans le fossé ; ne pouvant aller à lui, à cause de l'encombrement, j'ai dit à ceux qui étaient derrière de s'en occuper. En arrivant au-dessus du village, la nuit commençait ; on ne distinguait plus assez pour pouvoir tirer sans craindre de tirer sur les nôtres et nous avons suivi la retraite après avoir rallié la batterie de combat, sauf un caisson qui avait versé en sortant du camp de Beaumont et qu'il avait été impossible de relever, la flèche étant cassée et tordue.

Après avoir rejoint la 11ᵉ batterie, nous avons pris la route de Douzy, que nous avons atteint près d'Amblimont. A Douzy, notre colonne a été coupée par les batteries du colonel de Fénelon, vers 2 heures du matin. Quelques instants avant d'arriver à ce village, j'ai reçu un coup de pied au tibia de la jambe droite. Mon cheval s'étant trop rapproché de celui du maréchal-des-logis chef de la 11ᵉ batterie, pendant que je sommeillais sans le vouloir, ce dernier a rué et m'a atteint. Heureusement, le coup avait frappé l'étrivière, ce qui en avait amorti la violence.

31 août. — De Douzy à Sedan, la marche s'est encore ralentie ; je suis arrivé à Balan vers midi et je n'ai pu avoir mes dernières voitures que vers 2 heures ou 3 heures.

On m'a alors rendu compte de la perte de notre voiture à bagages, lâchement abandonnée sur la route par les nommés Balandret et Ehrhard deux heures avant que la retraite sur Mouzon fut commencée. L'adjudant qui commandait la réserve de la batterie ayant été détourné de ses fonctions par un officier d'état-major qui l'a placé dans un carrefour pour indiquer la route à suivre, les deux hommes ont dételé et ont abandonné la voiture. Cette opération a été faite si vite que le nommé Vincent, qui était en arrière, ne s'en est aperçu que lorsqu'il les a vu détaler. Il est à regretter qu'à la rentrée de ces hommes, le commandant de la batterie n'ait pas eu la faculté de faire une exécution sommaire en formant un conseil de guerre immédiat. Il a immédiatement informé un de ses chefs de cet acte inqualifiable et il l'a trouvé peu indigné et pas assez disposé à en faire prompte justice.

A partir de notre installation sur les hauteurs de Balan, la fusillade, les mitrailleuses et les canons n'ont pas cessé de se faire entendre dans la direction de Bazeilles pendant toute la journée du 31 août.

Vers 2 heures, on nous a fait monter à cheval pour nous diriger, par le fond de Givonne, vers les glacis du château ; on craignait, paraît-il, une attaque de ce côté ; après quelques instants d'attente, on nous a renvoyés bivouaquer au-dessus de Balan. On avait eu peur probablement des corps prussiens qui allaient établir sur les hauteurs de Douchery les batteries de siège qui, le lendemain, tiraient sur nous en passant au-dessus de Sedan.

Nous avons envoyé nos chevaux à l'abreuvoir et une partie des hommes au fourrage et aux distributions. Nous avons reçu une partie seulement des vivres et du fourrage, à peine la moitié. Nos hommes ont pu, au moyen des champs voisins, mettre quelques pommes de terre pour améliorer leur maigre soupe. Nous avons fait un repas frugal et avons bien dormi sur deux matelas qui nous restaient de tout notre campement. La nuit se passa sans trop de bruit ; de temps à autre, on entendait quelques coups de fusil ou des décharges de mitrailleuses dans la direction de Bazeilles.

1er septembre. — Au réveil, nous étions couverts par une abondante rosée qui avait imprégné nos couvertures et nos vêtements. Le jour paraissait à peine que le canon tonnait à notre droite du côté de Bazeilles et à notre gauche du côté de Floing. Les Prussiens avaient construit en aval de Sedan plusieurs ponts sur la Meuse dans le courant de la nuit et ils commençaient à passer à la faveur d'un épais brouillard.

Nos chefs, ne pouvant démêler les intentions de l'ennemi, paraissaient plongés dans la plus affreuse incertitude. Cependant, j'ai entendu dire, dans la journée du 2, qu'un camarade de l'artillerie, dont j'ai oublié le nom, était placé en aval de Sedan, pendant la nuit du 31 août au 1er septembre, et qu'entendant des bruits indiquant que l'on construisait des ponts, il avait informé ses chefs. Si on l'avait écouté, il eut été facile d'empêcher les Prussiens de nous tourner de ce côté. On aurait dirigé contre eux des forces considérables pour les rejeter dans la Meuse.

Au moment où les premiers coups de canon retentissaient, nos chevaux étaient à l'abreuvoir. Ils en revinrent promptement. On fit manger l'avoine à la hâte pendant que les hommes garnissaient les chevaux et, vers 5 h. 1/2, on nous dirigeait sur les terrains en arrière des bois de la Garenne, où l'on nous fit prendre position sur un plateau, en faisant face à la position que nous venions d'abandonner.

Nous avions à notre gauche la 11e batterie et les débris de la 12e, qui, je crois, n'avait plus que trois pièces. Le général Labadie d'Aydren, de la 2e division du 5e Corps, était en ce moment devant la batterie avec son état-major discutant sur les cartes. Voyant qu'on ne nous employait pas immédiatement, je fis nettoyer les mitrailleuses qui en avaient passablement besoin. Nous venions de finir, quand on ordonna de remettre les avant-trains et de rompre par la gauche. On nous conduisit alors à la gauche du bois de la Garenne et nous nous établîmes en batteries, les mitrailleuses à la droite, entre deux bois, sur l'arête du terrain qui les unissait.

L'artillerie ennemie, qui ne paraissait protégée par aucune troupe, commençait à se déployer sur le chemin de Floing à Illy en faisant le mouvement « sur la droite en batterie. »

Le brouillard épais, qui avait régné jusque-là, commençant à se dissiper, nous dirigeâmes nos coups sur la batterie qui se formait devant nous et qui commençait à tirer depuis quelques instants. Notre objectif était les pièces de droite qui cessèrent bientôt leur feu soit par tactique, soit par nécessité ; comme elles étaient dissimulées par un pli de terrain, il ne nous était pas possible de voir si elles avaient assez souffert pour se taire. Alors, nous aperçûmes des fantassins qui, par petits groupes, venaient se dissimuler dans un couvert, à droite de cette batterie.

Nous fîmes immédiatement pointer dans cette direction avec la hausse de 1.600 mètres et, dès la première salve, cette infanterie se mit à décamper à travers champs vers un bois qui était environ à 200 mètres d'elle ; elle fut poursuivie par nos coups jusqu'au moment où il ne nous fut plus possible de la voir.

La batterie qui se formait de Floing vers Illy nous inquiétait de plus en plus et nous répondions en tirant sur les points d'où le feu paraissait être le plus vif, quand le commandant Normand nous fit remarquer une troupe de cavalerie qui sortait du village d'Illy et nous dit de pointer sur elle.

Cette cavalerie était, à ce qu'il paraît, le seul soutien de cette forte batterie et faisait des démonstrations à gauche et à droite de ce village pour faire croire à une force imposante. Après plusieurs salves, nous avons vu le désordre se mettre dans ses rangs et elle est retournée se mettre à l'abri derrière le village. Nous avons alors continué notre feu contre la batterie qui était devant nous en tirant sur les points d'où le feu était le plus vif et en arrière sur un ravin qui pouvait servir à dissimuler des troupes.

Nous étions placés sur l'arête la plus élevée du terrain ; les coups de l'ennemi, trop courts, s'enfonçaient dans la pente en avant de nous et ne nous faisaient aucun mal ; les coups trop longs se perdaient en arrière dans un pli de terrain, à 15 à 20 mètres au-dessous de nous. Pendant plus de deux heures, exposés à un feu terrible, nous n'avons pas éprouvé le moindre mal.

Lorsque le Colonel arriva, il jugea que nous étions trop à découvert et nous donna l'ordre de nous porter en arrière pour que nous fussions moins en vue.

Je lui fis observer que le mouvement qu'il nous ordonnait, dangereux en lui-même, nous placerait aux points de chute des projectiles ennemis qui, depuis quelques instants, étaient de 30 à 40 mètres longs.

Rien ne put vaincre sa volonté et je fis reculer, à mon grand regret. Le Colonel ne tarda pas à être blessé au genou et à la main ; il voulait bravement rester en place ; mais il pâlissait à vue d'œil et, pour ne pas le voir tomber à mes côtés, je le suppliai de se laisser hisser sur son cheval et de se rendre à l'ambulance ; à bout de forces, il y consentit. Le brave Colonel mourut quelques jours après à l'hôpital de Lille où on l'avait évacué par la Belgique.

Quelques instant après, ma 1re section, qui avait un peu trop reculé, fut désorganisée par quelques projectiles qui y tombèrent avec une rare précision. Il y eut plusieurs hommes blessés, un mis en pièces ; le lieutenant en 1er Cohadon reçut trois blessures à la fois : un éclat d'obus lui traversa la cuisse droite, le bout du pied gauche fut mutilé par un autre et enfin un bouton de canonnier vînt s'implanter dans sa cuisse gauche. Je fis emporter les blessés et donnai l'ordre d'avancer les pièces ; mais, bientôt, le feu de l'ennemi devint d'une telle précision que la position n'était plus tenable pour nous.

Le commandant Normand, s'apercevant de la fâcheuse position où nous nous trouvions, me demanda si nous avions encore beaucoup de munitions et l'on s'aperçut que les coffres que nous avions avec nous étaient épuisés. Nos chevaux avaient beaucoup souffert ; il n'y avait pas un attelage intact.

Nous reçûmes l'ordre de nous retirer pour nous rapprocher de la réserve et réparer nos pertes.